AF508875

LA MÚSICA DE FONDO

ExLibric

PACO VALIENTE CASTELLÓ

LA MÚSICA DE FONDO

EXLIBRIC

ANTEQUERA 2020

PACO VALIENTE CASTELLÓ

LA MÚSICA DE FONDO

Cuando te acercas
suena tu música;
si te vas
permanece a mi lado.

Para Amanda (10-08-2019),
Paco

1. LA MÚSICA DE FONDO

Cuando dibujes una canción de amor,
cuando la luna camine a tu lado,
cuando encuentres lo que no buscas…
un silencio doblará la esquina,
las caricias escribirán sobre las horas,
los días dejarán de ser sombras
y un cigarro rebelde se ahogará en el viento.
Sé que todo es cierto
si los ecos se adentran en el río;
te guardo una cordillera de árboles niños,
mis dedos son de besos,
la noche conoce mis secretos,
saliva para las flores si a mis sueños vienes;
si las monedas se suicidan de hambre
te amaré desnudo de números,
la ventana desayuna nubes,
mis ojos, tus prisioneros;
mis labios están sedientos;
soy yo el botón de tu blusa,
la sonrisa de tu espejo,
la música de fondo.

2. NO TENGO GANAS

Calles locas como yo,
en algún rincón llueven huellas con sabor a sed,
árboles picantes, palomas sensuales…
Me he bebido la ciudad de un trago con voz.
Hoy no busco nada, no tengo ganas;
un té negro y música sana.

3. JULIA

Solo sé que me busco en el humo de tu lengua,
pájaros de hierba vestidos de agua,
cataratas de saliva.

Son de cielo las palabras cocinadas en tu espalda,
ojos para las olas,
uñas de nata;
dame tu cabello sembrado de días.

Ser de besos que caminan sobre las ramas,
luz y tiempo danzan alrededor de tu sombra;
ven y toma mis huesos, que yo no soy de esos
que solo aman las caricias.

Soy una pluma en tus manos,
un silencio pequeño,
un deseo grande:
lee cómo quiero seguir amándote.

4. TODO ERES TÚ

Feliz el cielo dibuja flores,
las palomas saludan valientes,
la noche se ha ido:
quedan las estrellas de tus dedos,
luces son palabras,
huellas para la causa.
Te beso repleto de sol,
te quiero sabiendo quién soy:
un vagabundo de mí,
un servidor de los árboles,
un silencio estropeado,
una canción siempre.
Ven, te esperaré otra vez;
todo eres tú,
nada soy sin ti.

5. PARA TI

Esquina sin voz,
canción sin mí,
voy hacia allí
y, aunque no soy
el eco que fui,
me quedan dos palabras
para ti.

6. BELLEZA SERENA

Ojos de vida para una hermosa voz
que busca en sus hijos lo que necesita.
Desde Quito, maletas de amor,
susurros de agua,
nidos de palabras.
Treinta y seis flores en su mirada,
la miro y quiero verla contenta;
diecisiete años buscándose en España
y no se para: siempre quiere más,
más lunas, más de todo lo que crece en las ramas.
Belleza serena, Sandra,
brillo deseo en su piel que baila,
Ecuador en sus labios criollos que cantan,
que hacen soñar al cierzo celoso de sus besos,
música andina para mis oídos sedientos
de su luz de ave del sol hija;
mujer para escribirle infinitos poemas,
canciones que acaricien sus hombros,
senderos que la lleven a donde ella quiera.

7. SONRISAS EN LAS BALDOSAS

Soy un poeta maño,
mastico lunas y huellas sin rumbo,
el cierzo me hiere,
el tabaco me salva de momento,
me enamoro todos los días,
bebo plumas de los ojos de las palabras,
tengo varias fotografías,
cientos de poemas
y miles de canciones que me ayudan
a caminar sin prisa;
no tengo visa
ni rezos en los bolsillos
ni gasolina,
soy de humo contento,
de tierra húmeda,
bailo en cualquier sitio
y escribo sobre la piel
de todo lo que me rodea:
dadme un verso detrás de otro
y escribiré sonrisas en las baldosas.

8. SOLO CON MIS VERSOS

Solo entre la gente estoy,
solo con mis versos
busco palabras huérfanas
en alguna mirada extraña,
en algunos labios húmedos
y creo mundos nuevos,
mujeres para enamorarme
de sus lejanos sueños.
Solo con mis letras
fabrico lágrimas,
árboles poetas,
palomas discretas,
corazones sin llave,
besos imposibles…
Mi soledad me acompaña:
el poema es un grito desesperado,
una petición de ayuda,
un camino hacia la vida
que todo lo ocupa.

9. ISLAS EN LOS HOMBROS

Puro deseo de palabras de carne,
las manos son labios de fuego derretido,
cada letra es un beso apasionado;
danza la piel en el tejado,
mariposas en las uñas sin candado,
promesas sin miedo,
canciones con hielo;
se multiplican los sueños,
ojos, ¿para qué los quiero
si no es para nadar en ellos?
Islas en los hombros,
el viento excitado;
la tierra sonríe llamaradas de ecos:
todo sucede en una gota de tiempo.

10. ¿PARA QUÉ?

¿Para qué el tiempo?
¿Para qué la moral que crece en el fuego?
Cuerpos desnudos bailan detrás de las cortinas,
locura necesaria, menos líneas rectas.
¿Para qué tantos dioses?
Árboles felices, agua cristalina.
¿Para qué tanta rueda?
¿Para qué tantos números?
¿Para qué tantas responsabilidades?
¿Para qué tantas muertes antes de hora?
Belleza de las palabras,
resiste la poesía.
¿Para qué tantas preguntas sin respuesta?
Amor en conserva,
besos en el tejado de la luna.
¿Para qué la velocidad en la vida?
¿Para qué los ojos cerrados al silencio?
¿Para qué tanta lágrima innecesaria?
Cerraduras de cera,
sexo con la vecina.
Los poetas nacen soñando,
la realidad no sueña nunca.

11. VIDA ROMPECABEZAS

Canciones enjauladas,
regalos envenenados,
ojos para la alfombra,
pechos de nata,
peces con gafas,
el tiempo sabe a derrota victoriosa,
la lluvia conoce el secreto de las plumas que caminan,
gargantas dulces, palabras amargas,
un eco abre el jardín de las botellas vacías,
agua para los ricos de semillas,
gritos con guantes, alimento para los días,
se derrumban las hojas,
sueñan las mariposas,
cárceles nacen de las huellas que tragan ceniza,
el amor triunfa en las miradas limpias,
nidos de flores rubias,
cazadores de sonrisas,
caricias sin etiqueta,
la calma se esconde en la nevera blanca,
la risa organiza las nubes,
vida rompecabezas,
versos vestidos de lluvia.

12. ESPINAS SENTENCIADAS

El sol y una silla, brilla una ausencia,
las aves picotean cadáveres de lágrimas:
si la piel se muestra contenta
las flores fabrican pasteles de luna;
existe un eco de sonrisas,
una palabra que no muere nunca.
Siempre llega cansado el otoño,
siempre llueve en una caricia con sombra,
paisajes en las bombillas,
paraguas con olas desesperadas,
música salada, espinas sentenciadas,
los besos del silencio son de agua,
pelucas para las hormigas jóvenes;
los números necesitan gafas,
las ruedas muerden huellas,
las monedas son de nada,
se enamoran ventanas de las palomas;
canciones sinvergüenzas, bailes descarriados,
balcones en los dedos,
escriben versos las lenguas con brisa,
poemas locos, dolores pocos,
felices los sueños de los nidos pequeños.

13. EN MI BOLSILLO MUERE LLUVIA

Sorbos de mañanas tristes,
las sábanas son de arena,
piel vestida de uñas,
canciones en la cocina,
son de gatos las cortinas,
los tejados beben sueños azucarados,
te amo encerrado en tu último suspiro,
zapatos para los ecos resfriados;
sé que soy una palabra,
un agujero en una manzana,
una gota de planeta.
Desayuno caricias caducadas,
escribo sobre un tiempo que me engaña;
tus labios dibujan ciudades,
vientres para los ojos que sonríen;
en mi bolsillo muere lluvia.

14. UN SECRETO PARA DOS

Las sonrisas de la muerte,
las piernas del silencio,
el peligro de las flores…:
todo escucha al espejo distraído.
No acertó el búho con la palabra sin dientes,
maletas de besos para el río adúltero,
botellas de hombres perdidos;
se maquilla la suerte,
poemas con ruedas,
ladrillos con barba,
nace un deseo en el sol sumiso.
Llegados a este punto te guardo un corazón,
una estrella desnuda,
un rincón para el amor,
un secreto para dos;
la vida reparte mariposas
o lágrimas de quita y pon.
Morderé tu ombligo sabroso,
chuparé tus dedos salados,
beberé tu risa con hielo,
te amaré clavado al miedo
que me da el quererte tanto.

15. MORALIDAD DEFORME

Sobre la piel que escucha
brillan uñas naranjas,
mecanismos de tierra,
carcajadas de pluma joven.
Nunca duele la calma,
nunca me olvido de ti,
cigarrillos felices,
moralidad deforme;
es mentira muchas veces la verdad:
he visto labios de niebla
besar a ecos pobres
y vestidos transparentes
que dejaban ver el miedo
a no comprender,
a sufrir por tener que vivir mañana.
Enciendo tus ojos y vuelvo a sonreír:
caricias en la sopa,
una palabra que abrace,
tu lengua para dormirme esta noche.

16. HUELLAS PARA EL BÚHO

A veces se acurrucan los sueños
sobre un deseo vagabundo
porque los ecos de la noche son de sombras libres,
huellas para el búho,
canciones con piel de espejo,
oscuridad luminosa,
luna coqueta,
poemas en pijama.
Sé que vivo porque escribo madrugadas
en las islas de tus piernas,
porque una estrella me habla:
nunca el silencio se posa en tu mirada,
un bocado de humo rubio,
un té negro enamorado,
ventanas despiertas,
insomnio momentáneo,
sábanas con ojos,
una vela en la mesilla desnuda.

17. PLATOS DEL DÍA

Tenemos nidos para las ramas que brillan,
manzanas dulces con alegría,
silencios de chocolate,
huellas sembradas de huellas.

Platos del día:
canapés de besos sin prisa,
revuelto de pieles a la pimienta,
solomillo de sueños posibles,
tortilla de patata enamorada,
salmón risueño crujiente,
bocaditos de cerezas desnudas.

Sabemos que los días son cortos,
que las horas son pequeñas;
por eso, bebemos poesía
y escribimos en los cristales de las ventanas,
en las paredes con nombre,
en los ojos de las mesas.
Somos baratos:
cobramos un abrazo, una noche loca
o una mirada que se repita.

18. ORIENTAL

Poco a poco, sin miedo, con tiempo…
el deseo hace de las suyas:
unos ojos de té negro,
unas pecas traviesas,
una voz juguetona,
un cuerpo de seda…
Oriental en su mirada,
sus labios sembrados de China,
su cabello, cascada rasgada:
la miro y quisiera enamorarla, pero me siento pequeño,
un pollito mojado ante tanta belleza;
le hablo quince segundos y es una gran conquista,
le he dicho que le regalaré uno de mis poemarios,
aunque dudo mucho de que lea bien en nuestro idioma.

19. UNA PLUMA DE CEMENTO

Jugando a ser Dios no consigo nada:
ladrillos tristes,
sonrisas eternas caídas en desgracia;
la luz no huye nunca,
el silencio no se acaba, descansa;
si las sombras se desnudan solas
sonríe el hielo del sol cataratas de palabras,
árboles con pestañas,
nubes vestidas de montañas…
Nace un eco de las alcantarillas,
la noche estudia en los tejados,
un cigarrillo, por favor, cuando me atasco,
cicatrices para las gafas del tiempo,
quiero morir viviendo;
soy una pluma de cemento,
deseo infinito,
un poeta vagabundo de mi sexo.

20. ANA

Una canción para tus flores despiertas,
un litro de belleza por segundo.
Mis botones sudan cigarrillos,
tus labios besan mariposas amables,
derrotado el tiempo, tus palabras ríen vida;
los dientes del río acarician piedras,
dentro de la noche sobreviven los ecos,
olas para tus dedos sin miedo,
besos para las alas tempranas;
danzan hormigas en la risa de la luna.
Piel con rostro de estrella mimosa
soy de ti sembrando noches azules;
me encierro en un verso repleto de aves,
quiero escribir sobre tu espalda vestidos de agua,
destinos de plumas sin cremallera;
el amor crece en mis ojos siempre,
llamaradas de brisa,
cristales con lluvia,
sonrisas repletas de océanos;
quiero y no quiero ser de mi tiempo,
quizás un poquito más del tuyo.

21. RIMAS URBANAS

Sueños infinitos ruedan cuesta abajo,
los semáforos escriben en los zapatos,
aceras cansadas sobreviven al cierzo,
palomas temerarias, bicicletas valientes,
árboles sabios, esquinas pacientes,
una pluma se suicida bailando,
gasolina para las alas del tiempo,
teléfonos con piernas,
labios veloces alimentan deseos,
baldosas azules escriben en las nubes,
música de ladrillos soleados,
canciones repletas de asfalto,
vuelve la lluvia y ríen las fuentes,
murciélagos con luna, hormigas transeúntes,
gorriones descarados se enamoran en los tejados.
Camina el poeta concentrado
al lado del humo de su cigarro:
Hurricane de Bob Dylan suena en su móvil,
rimas urbanas,
destino inconcreto,
las calles son de versos.

22. CORAZÓN

Corazón solo corazón
y un verso que como tú brilla;
se marcharon los juguetes,
se borraron las tartas:
todo parece pequeño a tu lado,
el tiempo no se ríe de nosotros,
las horas son días camuflados,
el silencio dura poco,
canciones desde el árbol,
ojos sin cortinas,
huellas de carne,
labios sin fondo,
maletas en el tejado.
Soy el que besa tus ecos,
el que no duerme sin soñarte,
el que siembra en tus alas vuelos;
recuerdo caricias con sombra,
un vestido de fresas sonrientes,
tu mirada de hierbas en mis dedos.

23. EXISTE UN LUGAR

Canciones siempre,
tragos de sueños,
resisten las palabras sin llave,
con el sol desaparecen las huellas tristes
mientras los caminantes con cielo
bailan alrededor de la hoguera.
Existe un lugar sin frío
donde el silencio cura sus heridas,
mariposas con nombre fabrican besos,
un búho de colores acaricia ratones,
la sonrisa del viento se la reparten los árboles.
Es cierto que su tierra tiene labios,
que sus ríos siempre están enamorados,
que si su vida se duerme sonríen sus desiertos;
no es preciso allí ser de tiempo
para desnudar los hombros de la noche:
una copa de poemas sonámbulos,
una erección de rosas rebeldes
bastarán para que su luna saboree tus latidos.

24. CAREZCO DE TU RISA

Las ventanas de tus manos fabrican pájaros,
el reloj de tus besos se atrasa a veces,
mi té negro te busca en mis sueños,
te conozco lo que me dejan tus labios,
flor de legumbre,
océano de silencios,
sueño a la fuga,
canción muda con tirantes;
sé que volveré a las ramas
de mi soledad borracha,
no tengo monedas de sobra
ni ruedas pintadas de luz,
carezco de tu risa
y nunca rezo para salvarme;
sin embargo, te amo desde la realidad
de saber que quiero quererte:
si el destino eres tú
el trayecto son palabras sedientas de versos.

25. SILENCIO PARA DOS

En las horas desnudas, senderos de piel,
caminos al océano que respira,
silencio para dos,
estrellas contentas,
ventanas heridas de risa,
música cubierta de caricias;
las sombras son de sueños,
deseo para los dedos
que buscan islas desiertas.
En el eco de una sonrisa
amanece una palabra contagiosa.

26. LA CANCIÓN QUE SIEMPRE REGRESA

Sobre las ramas del amor,
sobre los ojos del viento,
sobre los labios de la luna…,
soy poema con sed,
versos vestidos de ti;
bailo miradas dulces,
baldosas repletas de cometas,
noches pintadas de mí.
Eres tú la palabra,
el té de mediodía,
el sol de medianoche,
la canción que siempre regresa.

27. NO ES MUCHO

Un cigarrillo jubilado,
una cerveza con barba,
ojos rellenos de ecos;
ella es un colibrí acelerado
que se despierta en mis versos hambrientos,
mirada de río caliente,
labios vestidos de hojas,
cintura para viajar a sus islas;
se erizan mis palabras,
mariposas temblando en mis uñas:
quiero ser su risa,
quiero beberme sus dientes,
quiero arañar su espalda.
Subo al tejado de mi nada
e imagino que me echo otro trago de su boca:
es mía en este momento y la tengo cerca;
acurrucado en mi mesa escribo este poema
y la miro a hurtadillas:
no es mucho,
pero es todo lo que ahora puedo amarla.

28. UNA Y OTRA VEZ

Fabrico deseo imposible,
el sol me comprende,
aunque no me sirve de mucho;
arrastro unos labios lejanos
que no me conocen;
soy de luz, creo,
¿y qué…?
Si ella no me mira,
si no quiere verme,
¿injusticia de amor?
¡No! Realidad sincera de la vida misma.
Un poema para acercarme,
otro para huir,
cigarrillos mentirosos
y un té siempre amable.
La belleza me puede,
aunque nunca me derrota:
me levanto una y otra vez
en busca de su mirada.

29. CALCETINES CON DELFINES

Puedo atravesar la niebla para llegar a ella,
la solución son los pájaros que anidan en su mirada;
crecen montañas en mis dedos,
necesito paraguas con labios,
saben los árboles que llueve los días que la espero,
calcetines con delfines,
tabaco contracorriente,
en mis manos bailan flores,
zapatillas tranquilas ríen calles;
solo necesito un té de canela
para construir cariño.

30. MIS OJOS LADRONES

Ella es la canción de las huellas con rumbo:
si salgo de mi mundo es para mirarla dichoso,
si me habla, aunque sea un poquito,
se vuelve mi tiempo goloso;
luego, escribo caricias en una servilleta cualquiera,
papel que late como mis ojos ladrones.

31. GAFAS PARA LOS RELOJES TRAIDORES

Roncaban las palabras corazones solitarios,
una lluvia de monedas se ahogaba en el río,
sol delgado, carne sin frío,
canciones de fruta, miradas con conservantes,
vagabundos los besos humildes de los ladrillos del viento;
perdidas las ruedas los botones dormían felices,
compañeros de vino, dibujantes de destinos;
hablaban tus lagos, me comía tu pelo,
escaleras en los dedos, botellas de versos encendidos;
fuimos los primeros en derrotar al otoño,
hojas sin prisa, canciones calientes, vestidos de postre,
gafas para los relojes traidores.
Recorre la saliva hoy músculos con dientes,
sobreviven oraciones de alambre
en los versos enterrados en un eco viejo:
tú y yo libres en un silencio dormido.

32. PURÉ DE POLÍTICO CRUJIENTE

Tatuajes en los ojos,
lenguas de árboles cansados,
se desnuda una hormiga,
bebe tiempo una tormenta de versos,
pantalones para las rocas,
discursos embriagados;
la verdad se derrite en el tejado,
gatos poetas,
canarios fugados,
una oreja en el campanario;
libros para los muertos,
puré de político crujiente,
bolígrafos de barro cobarde,
el agua se baña en la sangre,
heridas las nubes se reponen en el río,
nada sabe a tierra,
nada huele a océano,
trozos de precipicio para los labios dulces;
querer es poder cuando se puede,
si las aves buscan luces los gusanos se arrastran felices.

33. CIGARRILLOS COMPARTIDOS

Caricias sobre el viento,
la vida como alimento,
silban las ratas contentas,
retratos para el olvido,
no duermen las canciones
que desayunan laberintos,
siempre que te enamoras
huye tu apetito;
sabes que ellas son de trigo,
gotas de sueños desnudos,
palabras sin documentos,
cigarrillos compartidos.
La ciudad camina toda
de la mano de tus islas,
palmeras para la siesta;
cada ventana sueña un beso.

34. VERSOS LIBRES

Piscinas para los números,
circunferencias sin palabras,
estadísticas caducadas,
labios vestidos de horas,
se equivoca la sucursal
de las sumas sin azúcar:
versos libres,
música siempre,
sonrisas necesarias.

35. HIERBA ENAMORADA

Brillaban los niños en un silencio disecado,
faldas para las ramas de los besos extraviados,
vientres enterrados en la nieve de agosto;
trabaja el águila,
vuelan las promesas,
camaradas de lenguas,
pasajeros del agua,
en la ventana llora una fresa.
Cuando los ríos juegan a las cartas
los peces se emborrachan de moscas,
zapatos para las piedras,
hierba enamorada,
sexo en el barranco de las olas.

36. DAME TU VOZ

Poco tiempo contento, mucho frío enlatado,
carmín en la nariz, niebla en las uñas,
deseo con ruedas, tijeras de luna,
dame tu voz rebozada en el viento,
quiero comerte solo,
quiero comerte todo.

37. LA LLUVIA LO SABE

Jamás sufrí sin reír luego:
más tarde todo regresa,
todo vuelve a la vida,
espinas de brisa, derrotas vacías,
lágrimas silenciosas.
Soy de sueños reciclados,
amo sin remedio,
escribo enamorado del penúltimo verso,
seguramente el dolor es necesario:
la lluvia lo sabe
y dibuja sonrisas y cicatrices.
Casi sin tiempo, los ecos borrachos de sol
coleccionan labios pintados de luz,
flechas sin dianas, dedos sedientos de lunas,
orgasmos dibujados en tu sed
y yo no sé cómo decir
que te quiero sin mí,
que soy tus huellas,
que me duele vivir así,
siempre dentro de ti
sin parar de sufrir,
a punto de morir otra vez.

38. NO SOY YO EL CULPABLE

Guapa la luz del silencio del sol,
agua con gas para los brazos cansados,
mariposas en el bolsillo izquierdo,
un desierto en el derecho;
los espejos son de tiempo,
arden los pezones erectos,
manos de grasa para los ruidos;
debajo del océano viven canciones,
lluvia en los labios de las flores,
baila el humo de la noche,
búhos con traje, tornillos sin equipaje;
cuando te miro desaparezco,
nidos invisibles, chalecos con ojos,
tu piel no duerme, la mía se pierde;
eres veloz como tu risa,
yo lento como mi olvido,
luna de agosto, dientes de otoño,
siento que soy de sueños,
de recuerdos sentenciados.
Ven otra vez y márchate si quieres:
de mi amor no soy yo el culpable.

39. ESTAS CALLES AMABLES

Escribo sin dientes con un cigarrillo inevitable:
soy de tés negros y de *rock* del siglo pasado;
quisiera abrazar las ramas de las miradas
que se cruzan conmigo en estas calles amables,
luz de prisas para las palabras instantáneas,
escaparates sin playa que visita la lluvia;
las monedas andan desbocadas,
las palomas picotean papeles y poemas,
labios vestidos de dedos caminan a mi lado,
sol con gafas de él mismo,
fuentes sedientas,
lagartijas sin llaves,
semáforos aburridos,
árboles alienados,
baldosas tristes,
ladrillos sembrados de humo;
mis huellas son recuerdos.

40. YO NO SOY MÍO

Viento para los ecos que nacen dormidos,
una palabra sueña plumas sin frío:
si no te miro yo no soy mío
y el silencio crece en mis ojos vacíos.

41. CERVEZA PARA LOS NIDOS

Cerveza para los nidos repletos de amigos,
relojes crucificados,
llueven sonrisas sin tiempo;
los ojos desnudos
crecen en los dedos de la noche,
ropas con dientes,
voces caminantes,
lunas con burbujas;
la piel quiere alas,
labios para el deseo,
bailan las paredes con los sueños
que quieren dejar de serlo.

42. CANSADO DE MÍ

Cansado de mí te busco sin fin:
una canción me ayuda,
un cigarrillo también,
dulce flor sin nombre;
sé que estás ahí detrás de lo que soy:
no deseo ser de ti, solo quiero quererte hoy.

43. LAS DOS CARAS DE LA VIDA

Arden los ecos sin voces,
palabras de niebla, silencios veloces;
en las huellas del viento se esconden cementerios,
sonrisas errantes, preguntas rebeldes,
canciones mutiladas por la suerte.
A veces, muchas, escribo contento risueñas flores,
besos apasionados,
palomas valientes,
versos de chocolate para vivir poemas felices;
otras veces la realidad se impone,
dientes para la piel que grita socorro,
negras sombras me persiguen,
me estrangula una mentira,
una gran mentira, la gran mentira
y las miradas se clavan en la mía
que solo busca consuelo.
Sí, me gusta la risa,
el sol, el amor, la música *rock*,
la belleza de las palabras con luz…;
pero vivimos en el planeta Tierra
y las dos caras de la vida son inevitables.

44. SIN NADA

Sin nada que soñar, se derrumban los paisajes,
los corazones repletos de colores,
las palabras pintadas de caricias.
Sin nada que buscar, se paralizan los besos,
agonizan los secretos,
se derrite el laberinto.
Sin nada que amar, se jubila la primavera,
callan las flores vencidas,
vivir se convierte en una línea recta.

45. SI QUISIERAN

Ojos para los niños sin brisa,
mueren las flores en la frontera,
carreteras sin alma,
raciones de esperanza podrida.
No debe de ser muy difícil
si quisieran.

Juguetes enterrados en la niebla,
sonrisas metálicas,
canciones estranguladas.
No debe de ser muy difícil
si quisieran.

Llora la luna refugiada,
agoniza una palabra:
todo podría ser distinto
si quisieran.

46. SÉ TÚ

Relojes para los cerdos con etiqueta,
calzoncillos de tierra,
llueve en tu nevera,
sangre caliente en los besos con luna,
los árboles son de calma,
los hijos del silencio beben olas,
son inocentes las ratas,
existe un sentir que asesina miradas,
el sol dibuja sonrisas frescas,
gafas para las ruedas locas,
un orgasmo en la catedral más santa,
pistolas de barro y una caricia de leña;
te dicen que la vida ríe siempre
lo que pasa es que a veces no te das cuenta:
vivir bajo el techo de las búsquedas no ayuda;
un trago de agua,
un cigarrillo a tiempo,
algo de sexo sincero,
un poema para leer o escribirlo…
son cosas que hablan el idioma de tus verdades.
Se tú sin renunciar a nada.

47. ME QUEDO CON TU NOMBRE

Me quedo con tu nombre porque lo necesito;
no cede la sed, calla el silencio,
palabras sin olvido para los labios abiertos.

48. AMANTE DE LO IMPOSIBLE

Un zumo de monedas rebeldes,
bailo en la puerta de mis dedos,
borracho de deseo me he enamorado de unos ojos
gratis
que conocí paseando por la calle Princesa
mientras escribía un poema sobre la desintegración
de mis sueños.
Muchas veces no soy feliz porque no me da la gana,
¿y qué?
Mi sangre me lo agradece,
mis lágrimas son reales,
descubro miserias que me hacen crecer,
me gusta reír, pero no siempre:
rompería toda mi documentación,
besaría a toda la gente,
llenaría de versos las calles,
sexo sin tapujos,
propiedad privada compartida,
palabras para la causa,
loco sin llaves,
amante de lo imposible.

49. VUELVO

Vuelvo a donde no fui:
encuentro tu rostro
y un poema por escribir.

50. EL PAÍS DE LOS CARAMELOS

Roto el país de los caramelos, los tejados lloraban estatuas,
se acercaban nubes sedientas,
un silencio dañado devoraba palabras eróticas
y el poeta calentaba plumas rimando el fuego de las miradas
que buscaban amor en el último beso de la galaxia.
Es cierto que las rocas resistían
y que la luna seguía en su sitio,
que los payasos ayudaban a las flores,
que las hormigas construían sueños
y ciudades repletas de palabras.
Un niño recorrió el camino de vuelta,
ojos para el océano, risa para la vida;
las monedas se suicidaban,
las mentiras agonizaban,
un árbol le dio comida,
se desnudó un río en su boca,
lluvia de poesía, sonrisas recién nacidas.
Se salvó el país de los caramelos
por una canción pequeña,
por un puñado de caricias,
por un poema enamorado de una estrella.

51. NO SOY

Casi sin mí,
casi sin fin,
solo sin ella
no soy,
estoy
aprendiendo a vivir.

52. TE BESÉ PEQUEÑO

Escotes baratos para los nidos vacíos,
botellas paralelas sin lluvia,
se equivocó el silencio de puerta,
alas con barba, noches gemelas,
cigarrillos sin prisa,
andamios en las piernas.
Dormían las palabras
en los ecos de un joven secreto,
tejados para las nubes,
paraguas sin voces,
cortinas en el bosque,
pies vestidos de labios,
semáforos en negro.
Te besé pequeño
y crecieron mis versos,
ramillete de ojos,
saliva de té negro;
saben mis dedos lo que pienso,
de nada sirven los besos
si no te miro,
si no te sueño,
si no te escribo.

53. NO ME ES FÁCIL

No me es fácil dormir sin mí
en estas noches de agosto
en las que quedo con ella en mis versos,
en mis palabras sedientas de luna
que buscan poemas en sus labios
transeúntes de mi búsqueda.
Y soy yo la hoja en blanco,
el deseo que crece,
la música del silencio,
zumo de soledad,
y nada es verdad
si ella no está,
y escribo sin parar
para no desaparecer en mis recuerdos.

54. ASÍ

Voz sembrada de luz,
palabras efervescentes,
canción sin dolor,
versos nacidos para querer,
miradas sin llave;
en las noches con piel
mis dedos son gotas de sed,
respiro islas,
necesito ser así:
pequeño a tu lado,
grande dentro de ti.

55. ME EQUIVOQUÉ

Me equivoqué de ramas,
me equivoqué de palabras,
lo posible era imposible
y lo rompí en mil pedazos,
niebla para mis dedos distraídos,
ecos para la lluvia que fuimos;
la belleza no sonríe siempre,
el perdón se me antoja necesario.
Volverán las frutas con labios,
se vestirán de luna los tejados,
escribiré sin mirar atrás:
a veces es falsa la verdad.
No me importa el porqué
ni cómo no volver a hacerlo,
me importan sus ojos cerrados,
la desilusión de su risa,
el silencio de sus manos,
el tiempo que nunca regresa.

56. LADRILLOS DE FRESAS

Camaradas de canciones,
borracheras de poemas,
ella ríe alas,
el tiempo se asoma a nuestros vasos;
derrotados los sueños,
la realidad sobrevive en el silencio
de las palabras que esperan calladas.
Manos para las olas,
humo que camina,
son de arena las respuestas,
son de agua las preguntas;
luces para las uñas,
ladrillos de fresas,
sonrisas bailarinas,
un té negro, una horchata fría,
besos de cristal,
caricias bien vivas,
saben las paredes que el amor respira
en los ojos de mi deseo,
en la paz de sus miradas desnudas.

57. DESEO

Mientras escribo con miedo,
agoniza mi sueño,
desaparezco en sus ojos
y es que no soy dueño
de sus labios gozosos.
El deseo es así a veces:
ímpetu desbocado
sin ningún resultado.

58. YING

Dependen de una mirada las caricias de sus ecos,
ave trasnochadora, silueta vestida de risa;
fabrico preguntas desnudas en mis ojos sin respuestas,
piernas de alambre, zumo de mandarina,
soñar con ella alimenta poemas:
yo siempre tengo hambre
de su piel escondida en un vaso de palabras,
imposible la huida, necesaria su sonrisa,
corre cerveza por su falda siempre primavera;
espero la lluvia de sus dedos
y escribo para sus labios versos secretos y suspiros gemelos.

59. BELLEZA QUE GRITA

Deseo callado,
belleza que grita,
soy de su risa,
no tengo prisa:
el cristal la ama
como a la luz que asoma
cuando habla.
Soy de sueños,
invento momentos de seda,
del suelo recojo palabras heridas
para fabricar puertas redondas,
caricias con eco,
miradas mimosas,
poemas que me lleven a ella.

60. LAS PALMERAS RESPIRAN

Romper el cielo que llora,
saber que el miedo se acaba,
que tal vez la ceniza no duela:
esperanza es la palabra,
ojos sembrados de caricias,
voces que llueven islas;
no sé si quiero,
no sé si debo marcharme:
el búho calla,
las palmeras respiran,
una ración de risa,
tacto de seda,
alegría en las huellas,
saliva en los dedos,
palabras que vibran,
sueños que caminan,
hambre de poemas.

Índice